머리말

김훈동 시집

아람깨

한강

시인의 말

❀

몽테뉴는 "인생의 효용效用은 그 길이에 있는 것이 아니라 그것을 사용하기에 달려 있다."라고 했다. 시간은 유한하다.

서점의 시집 코너가 구석으로 밀려난 지 오래다. 시詩가 박한 대접을 받고 있다. 그럼에도 산수傘壽를 맞아 망설임 끝에 다섯 번째 시집 『아람깨』를 상재上梓한다. 시는 내 삶의 소중한 위안이며 희망을 던져 주기 때문이다. 갈수록 시는 아득하고 가슴은 무겁다. 하지만 오감五感이 살아 있게 한다. 시의 알짬은 쉼 없이 스멀스멀 이어진 내면 성찰이기도 하다. 시는 손으로 만든 작품이 아니라 시인이 경험한 감정의 전달이 아닌가. 시는 들숨과 날숨이다. 살아 있는 생명체다. 온전한 내 시 세계를 구축하는 힘이 여전히 부족하다. 그래도 시나브로 시나브로 읽고 잔잔한 울림으로 독자에게 전해지길 소망한다.

　대나무에 마디가 한 개씩 생기고 그 마디 위로 새로운 대나무가 자라듯 깊은 사념思念을 하나씩 키워 냈다. 무얼 찾듯 늘 서성였다. 아직도 제대로 곰삭혀 읽고 뿜어 나오는 힘을 느낄 수 있는 시는 멀은 듯하다. 하지만 오늘도 갈구渴求하는 마음은 간절하다. 말맛으로 독자의 시름까지 녹여 주는 따뜻함이 있는 시를 쓰고자 달려간다. 기교技巧보다 울림을 주는 말의 보고寶庫를 지키는 파수꾼이 되기 위해서 그렇다. 느낌이 잔잔한 시, 가슴을 두드리는 시, 모국어의 심미적審美的 결을 세련화하는 시, 시들시들하지 않은 시, 시적 미감을 최대화한 시, 감칠맛 나는 시, 쉽게 읽히는 시작詩作을 통해 독자가 공감하여 희망의 끈을 잡을 때까지 시 쓰기를 멈추지 않겠다.

　시인의 직분職分은 독자들 마음에 빛을 보내는 일이 아닌가. 시는 세상을 비추는 또 하나의 빛이다. 시는 품이 넓은 대상이다. 삼라만상參羅萬像을 보며 숙성되어 터져 나오는 언어의 조각들을 잘 다듬어 더 좋은 시작詩作의 길에 나선다. 읽으면 귀가 먼저 열리는 시를 위해서 열고, 닫고, 던지고 받으며 리듬을 만든다. 늘 일상 너머를 살피며 시와 독자의 간극間隙을 좁힌다.

　언제나 내가 하는 일을 묵묵히 지원해 준 아내 김현옥 아가다에겐 고마운 마음만 가득하다. 문학박사 조석구 시인의 발문跋文은 졸시拙詩가 촉촉한 물기를 머금고 생명력을 얻게 하였다. 짧은 시평詩評을 준 김호운 한국문

인협회 이사장, 김민정《월간문학》주간께도 고마운 뜻을 담는다. 시인의 푸른 연꽃 물결 속 상념想念에 잠긴 모습의 표지화를 그려 준 근당 양택동 관장, 제자題字를 써 준 서원 윤경숙 서예학 박사께도 거듭 감사드린다.

영원히 바닥을 보이지 않는 시가 우릴 격려하길 빈다. 시심詩心이 없어지면 선善도 없어진다.

2025년 4월 11일 결혼 54주년
청봉서사晴峯書舍에서
청봉晴峯 김훈동

김훈동 시집   아람깨

□ 시인의 말

나팔꽃 ──── 13
수양버들 ──── 15
유리온실 ──── 17
능소화 ──── 19
한 끼 ──── 20
어깨를 부딪히며 산다 ──── 21
기쁜 하루 ──── 22
누에 ──── 23
꼬리난초 ──── 25
타작마당 ──── 26
오널 ──── 27
글이 늙네 ──── 28
은장도 ──── 30
서평 ──── 32
만보를 걷는다는 건 ──── 34
돌보자기 조각 ──── 36
토종, 너뿐이다 ──── 37
통일벼와 허문회 ──── 39
아, 청명이다 ──── 41
하지 감자 ──── 43
아람깨 ──── 44
동강할미꽃이래요 ──── 46
그해 여름 밤바다 ──── 48

아람깨   김훈동 시집

차 례

50 ——— 갈대의 춤사위
52 ——— 봄의 변주
53 ——— 좌불안석
54 ——— 결혼기념일
56 ——— 고사목
57 ——— 인두화
58 ——— 승강기
60 ——— 식탁에 올린 말
62 ——— 잡초의 얼
64 ——— 바보
66 ——— 가을의 무게
68 ——— 흘러온 강, 흘러갈 강
70 ——— 겨울밤
71 ——— 가파도 청보리
72 ——— 여름 한낮
73 ——— 눈발이 날린다
74 ——— 봄날의 기도
75 ——— 나는 특례시민이다
76 ——— 홀로 선 나무
77 ——— 백년해로
78 ——— 희우
80 ——— 난 그래서 좋다
82 ——— 독서라는 이름의 친구
83 ——— 잔도
84 ——— 노시인의 서리태

김훈동 시집 아람깨

천 원 밥상 ─── 85
하수구 ─── 86
큰손녀의 정답 ─── 87
모심의 어머니 ─── 89
산에 간 아빠 ─── 90
아버지의 한마디 ─── 91
이웃과 등지지 말거라 ─── 92
서재 ─── 93
주름살 ─── 95
복기하는 삶 ─── 96
소리 ─── 97
가을의 구도 ─── 98
지송, 참 좋은 당신 ─── 100
누룩처럼 산다 ─── 102
가지치기 ─── 104
댓글 ─── 105
노안 ─── 106
바쁘다는 것 ─── 107
정월 나혜석이여 ─── 109
뜨락 ─── 111
작가라는 이름 ─── 112

□ 발문_조석구

아람께

나팔꽃

송해는 나팔꽃 같은 인생을 불렀다
아침마다 창가에
그의 입담은 나팔꽃으로 피어 번져 갔다
수면 취하고 일어난 아침
꽃부채 활짝 펴고
병사처럼 일어서라고
이른 새벽 기상나팔을 분다
일제히 상가는 문을 연다

단단히 하루를 거머쥐고
누군가의 당김에 내미는 덩굴은
자신을 피워 내며
제 몸이 깨어나는 신호다
"여러분" 하며
송해는 나팔꽃 같은 인생을 불렀다
떠나온 고향을 찾고 싶어서였을까
세월마다 곳곳에
그의 소망은 나팔꽃으로 피어 번져 갔다

훌쩍 가버린 송해의 나팔꽃 같은 인생
닫힌 마음 열게 나팔을 불며
그만의 옷매무새로 웃고 있다
아름다운 인생길 채워
세상에 흔적 남기며
당신의 영혼은 드넓은 우주에
별이 되어 빛난다
낙원상가 길옆 송해 동상
오늘도 절절하게 풍기는
송해의 나팔꽃 같은 인생이 흐른다

수양버들

정조 시대 축조한 수원 유천柳川에 수양버들
푸들 강아지처럼 늘어진 수염
봄바람에 취했나
휘청거릴 때마다 그리움이 톡톡 깨어난다

바람결에도
빗줄기에도 서로 몸을 부비며
꽃처럼 피어난다
천연으로 물든 푸른 머릿결 성성하다
넘실거리는 몸짓은
답답함이 없고 유유자적하다

욕망 하나 걸어 둘 필요 없는 수양버들
허영심을 내려놓고 한들거리며
푸른 하늘 등지고 내려앉는
자유로운 몸짓은
갈급한 그리움 때문일까

수심에 숙인 고개

저 허공에서 흘러오는
모든 것 내려놓고
낮은 곳을 향한다

유리온실

가두어 버린 세상에도
촉촉한 함박웃음 가득하다
올망졸망한 꽃나무의 말들이
제 주소를 기억하고 키재기를 한다
여인의 옷장 속 색색 옷처럼
색깔과 향기가 얼마나 깊은지
궁금해 눈과 귀를 연다

갇히어 막힌 세상에도
탓도 원망도 없이 웃음 가득하다
긴 세월 삶을 다듬어
온갖 색으로 생동하는 꽃송이들
이곳으로 호명된 듯
잎잎이 싱싱한 건
유리알 같은 마음이 돋아난 것일까

아무리 달려도 벗어날 수 없는
담같이 처진 울안에서도
꽃나무들이 모여 이야기를 궁굴린다

사계절 푸름으로
터전을 넓혀 가며
종일 손짓하는 화사한 유혹
걸음 멈춰 담소談笑 나눈다

능소화

한여름 햇살 삼켜 상기된 얼굴이다
소문 없이 하늘길로 솟아나듯
일어나야 하지 일어나야지 하며
담벼락에 오르며 문을 엿본다

욕심 없다고 하지 마라
저렇게 속닥이며 제 위만 보고 간다
여름을 갈망하며 푸른 하늘 우러러
득음得音을 위해
강렬한 주황빛 꽃 무더기로 피지 않는가

서둘지 않고 도도하게 탐험 나서듯
벽 같은 지지대에 기대어
안절부절 눈 굴리지 않고
모든 촉각 곤두세워
어디까지 위이길래 위만 향해 갈까

한 끼

우리 엄니는 한 끼가 무서웠습니다
행여 식구들 굶길까
우리 엄니는 평생 생명의 젖줄을
악착같이 붙잡았습니다
자식들 투정하면 행여나 굶길세라
우리 엄니는 한 끼가 두려웠습니다
번개 내리듯 가슴 훑어 내리는 아픔에도
딛고 일어서는 저 붉은 사랑의 집념
우리 엄니는 멈출 수가 없었습니다
한 끼의 삶이 모질었습니다
육신의 무게 털고 아무도 몰래 숨 가쁘게
여물지 못한 한 끼를 주워 담았습니다
서걱거리는 억새 바람처럼 흔들어 대는
우리 엄니 긴 하루가 무서웠습니다

어깨를 부딪히며 산다

삶은 흩어져 사는 것 같지만
어깨를 부딪히며 사는 것입니다
어둠을 밝히는 가로등 불빛도
공터를 아름답게 만드는 작은 들꽃도
어깨를 부딪히며 사는 것입니다

어깨를 부딪히며 산다는 건
함께 숨을 고를 수 있는 사이입니다
귀갓길 재촉하며 달려가는 포근한 가정도
가족끼리 어깨를 부딪히며 사는 곳입니다

어깨를 부딪히는 삶은 벌어진 틈이 없습니다
울타리 사이로 정을 나누는 이웃이 됩니다
어깨를 부딪히는 삶은 삭막하지 않습니다
외계인처럼 자꾸만 멀어져 가는 각박한 삶
어깨를 부딪히며 살아가면
마라톤 페이스메이커처럼 동반자가 됩니다

기쁜 하루

오늘은 선물이라 했다
봉평장터
이효석이 흘린 글감 찾으려다
4인이 펼친 밥상
종지에 감자떡 다섯 개
벌린 제비 입처럼 놓였다
먹다 남은 한 개
"아이구, 이건 우리 큰아들뻘 또래인데 먹으라." 며
얼싸안는다.
"아드님이 몇 살인데요?"
"쉰다섯"
"저는 일흔하난데요."
"아이구, 동안童顔이시네요."
봉평장터
소금처럼 뿌려진
백색의 숨결들
쑥부쟁이도 웃는다
오늘은 선물이라 했다

누에

너는 와삭와삭
시간 갉아먹고
탈바꿈을 계절처럼 거듭하며
시나브로 하얀 땅콩 같은 집을 졌다

나는 사각사각
시상詩想은 연기처럼 원점을 맴돌고
오금을 못 펴며
평생 언어의 집은 아직도 공사 중이다

너는 곡식이 누렇게 익은 것처럼 될 무렵
가는 실을 토해 내며 하얀 집 짓지만
나는 아직도 비단 같은 시구詩句 하나
토해 내지 못하고 우주 언저리만 맴돌고 있다

너는 열넷 마디마디에서
하냥 자라던 숨겨진 아낙네의 채반 이야기를
한나절 머리로 무한대 모양을 그리며
수런수런 말소리 들리지 않게

비단결 같다는 집을 만든다

나는 이 땅에 삶의 이야기 삼키며
피워 낸 한 그루의 꽃도 없는데
너는 비단길로 세상과 손을 잡았다

꼬리난초

스치는 바닷바람에
함께 휘말리는 향이 춤을 춘다

가물가물한 그리움의 꼬리
벼랑에 붙은 억겁 세월 흘러도
절제된 몸으로 숨죽이며 산다

슬그머니 손 내밀어
살포시 뿜어 주는 미묘한 향기
그 꽃잎 날리면서 나를 가만 홀린다

극비極祕처럼 꼭 쥐었다가
소리 없이 피어오른 꼬리난초
새댁처럼 조심스레 꽃대 하나 내밀더니
하얀 치아를 드러내며 웃는다

타작마당

채움보다 비워야 넉넉한 가을
마음은 한자리에 못 앉아 있네
톡톡톡 치는 소리에
아람깨가 기지개하며
팝콘처럼 뛰쳐나오고
도리깨질 소리에
어깨 비비며 그득하게 모이는 알곡들
타작마당에 자잘한 웃음 흩어진다

타작마당은
별처럼 반짝이는 알곡들의 정원
세상을 익게 만드는 가을
멍석 위에 배시시 웃으며
천지사방으로 튀어 오르는
잘 익은 노란 콩알들
고단한 한 해 흘린 땀 묻어 두고
밀물처럼 밀어대는 가을걷이
마을 잔치 징소리가 신명난다

오널

오널*을 맞는 건
사소한 일이 아니다
둥근 해 참따랗게
햇살 뿌리며
목숨 위에 와 눕는다
미도에 서서
특별한 빛깔을 위해
간밤에 구겨진 마음 펴고
하맑은 꿈 펼치지만
누구나 다 갖고 살면서도
마음대로 안 되는 오널
하로진일 얼래얼래
여느 사람처럼 소망 가득 안고
하루를 재 보려 하여도
끝내 이를 수 없는 깊이
어스름 드리운 뒤에야
깨달은 오널의 무게
오널은 금쪽같은 새다

※오널: 오늘의 제주 방언

글이 늙네

책상머리가 희끗하다
더는 가두어 둘 수 없다는 듯
감성은 마디 휘어져 무디어지고
가을 벼처럼 고개 숙이려고
더 배워서 익히려고 하지만
나이 든 글은 초저녁잠에 빠진다

지나온 흔적 하나하나에
얼마나 많은 정이 스몄는지
안타까운 마음 그지없는데
늪으로 빠져가는 느낌이 달라붙은
마른 시라지 같은 시련
헐거워진 시곗바늘
망태기에 주워 담은 생각을 만지작거리며
곧추세워 보지만
바람 찬 벌판에 서 있다

가장 낮은 곳으로 내려와
세월 가면 사람도 익어 간다는데

고장 난 수도꼭지처럼
나이 든 글이 샌다
어쩌랴 오늘도 마음 밭갈이하며
감성의 씨앗 흩뿌린다

은장도 銀粧刀

세월 더께 입고 누워 있는
우리 어매 지니던 은장도
나쁜 기운 이시랭이처럼 어슬렁거릴 때마다
숨은 내력 드러내지 않고
품속에 은장도 울었다

장인의 손길 스쳐 간 마디마다
질긴 모심慕心은
미세한 정으로 쪼아서
무늬 이룬 분신 같은 은장도
어매 일생이 강물처럼 가득 흘렀다

굽어진 허리 펴시며
"마음 다스리는 칼이다"라며
한 치 어긋남이 없게 빚은
어매 흘린 사랑 먹으며
서슬 푸른 냉기 속에서도
따스한 숨소리 움텄다

불경한 마음 자꾸 앞설 때마다
우리 어매 은장도 마주하며
나쁜 흉중 티눈처럼 도려냈다

서평書評

발심발심한 당신의 고운 모습
환하게 웃으며 나무를 심는다

마지막 손질을 끝내고 일어서는
당신은 바람이다
당신은 개울물 소리다

당신이 집어 올린 꽃과 새
바람에 걸려 넘어진 시간이 아니다
탈탈 털린 몰골도 아니다

누군가의 빵이 되는 시간이다
말랑말랑한 빵이 된다
단단한 빵이 된다

모서리 많은 세계
흐드러진 옷깃
여미게 하는 시간이다
읽기의 비무장지대 같은 최전선

당신은 생명의 리듬을 알고 있는
하나의 우주다

만보萬步를 걷는다는 건

하루의 문을 열고 나서면
몸만 걷는 게 아니다
한 걸음 두 걸음
뒤질세라 다문다문 잰걸음
만 걸음이 만보萬寶다

바로 걷는다는 건
말로에 정정함의 척도라는데
고집으로 날 세우고
눈을 감아 되새기는 보행 사랑
솟구쳐 오르는 햇살같이
꼿꼿하게 걸으며
묵언으로 확인한다

부지런히 걷고 또 걸어야 한다며
팔랑거리며 돌아다닌 세화
기쁨은 고통 뒤에 오는 것
발이 핀다
맘이 기지개 핀다

에돌은 발걸음이 곰살궂을 정도다
개운해진 걸음걸음
발바닥에도 새싹 돋듯
마음이 봄날이다

돌보자기 조각

천년의 숨결 수덕사 일주문 들어서면
길옆 가부좌한 돌보자기 조각
제때 와서 반갑다며 반긴다
방장 스님 법문 담아 가라는 듯

가슴 열어 새처럼 나를 품어 달라고
얼마나 많은 기도를 쌓아 놓았는지
올려놓은 납작 돌 수북하다

광풍에도 외곬 집념으로
머뭇거리던 많은 생각들
흩어질 때마다
산문 밖에 매듭을 지었나 보다

몸이 굳어진다는 건 슬픈 일이다
생각이 굳어진다는 건 더 슬픈 일이다
옴싹달싹 잃는 돌보자기 조각처럼

토종, 너뿐이다

인내의 항구함으로 지켜 온
기품은 너뿐이다
신비로움 품고 가슴 뛰게 하는
변색할 수 없는 소중한 자산이다

켜켜이 쌓여 있는
반백의 세월 동안
연년이 살아온 잔상
아픈 사연 소복하게 쌓이고

고단한 시간 가꾸고 일구며
키우고 지켜낸 시간들
숨 쉴 평안
넉넉히 주는 건, 너뿐이다

무슨 까닭이 있어
이웃에 흔들려서 동화되지 않고
그리도 오랜 세월 힘든 일을 도모한 걸까
그 이야기 가슴에 안고 쉼 없이 이어 간다

생각은 세월을 불러 고집스레 지켜 온 인내
해 지날수록 선명해지는
토종, 너뿐이다. 이 마음 뉘 알리
다독여 품었던 무게 가늠하기 어렵다

통일벼와 허문회

기적의 쌀, 통일벼 60년대 말
논에서 넘쳐났다
위무慰撫할 그 무엇도 없이
식량이 피폐해진 채 헤맬 때
육종학자 허문회 굳게 닫힌
단위면적당 1.5배 증수增收의 문 열고
마침내 한국이 꿈꾼 녹색혁명 열었다

주린 배 채워야 할 정도로 팍팍한 세월
필리핀 국제미작연구소*까지 헤쳐 들어가
수없이 깊게 박힌 그대의 논두렁 발자국들이
보릿고개 세대를 끌어당겨
빈곤의 역사에 눈부신 신화를 낳았다
뭇사람의 밥맛이 증인이었다
뭇사람의 입에 그대가 치켜올린
쌀 자급의 감동은 길이 사라지지 않았다

통일벼 육종의 위대한 거장이란 관형사는
그 누구도 부정 못 할 불후의 역사

보리밥이라도 배부르게 먹었으면 하는 세월
가슴에 품어 한 생애를 바친 농학자
"배고픈 국민은 자유롭지 못하다."※는 듯이
70년대 이전은 국민 모두가 자유롭지 못한 세상이었다
21세기 쌀이 남아도는 세상이 와 통일벼는 퇴장했지만
누가 일러 통일벼를 묻거든
우리는 그대를 말하리라
통일벼 육종이 보국保國의 등불이었노라고

※국제미작연구소IRRI: 세계 최고의 쌀 연구기관
※1900년대 초 미국 정치가 아들라이 스티븐슨이 한 말

아, 청명淸明이다

발끝 세워 새롭게 섭니다
한 줌의 빛을 들고
묶였던 시간 풀어 헤쳐
간절함으로
공간을 빚어냅니다

겨우내 숨어서
연금술사가 되어
땅은 물을 마시고
물은 땅을 촉촉하게 적셔
나를 키우고 있습니다

인고忍苦의 시간 지나
지금은 우주를 품고
다시 빛 가운데로 나와
내가 설 땅을
점지해 줍니다

산골짜기마다 화사한 봄빛

슬며시 끌고 와 풀어놓습니다
땅속 깊은 어둠 갈아엎으며
봇물 출렁이는 숨겨진 길 하나
괴어 놓는 청명입니다

하지 감자

봄에서 여름으로 넘어온 능선에
하얀 감자꽃, 숨이 차다

궁핍하던 시절
감자꽃은 배고픔을 이겨낼
희망의 천사

금발의 머리카락이 차오르면
채워지는 세상의 허기

땅밑 댕글댕글 덩이
서로가 서로를 붙잡고
비밀의 자물쇠를 푸는
경이로운 생존의 순간

초여름이 스멀스멀 배어들면
가족을 품고 이웃을 품은
하지 감자의 몸속 행간, 숨이 가쁘다

아람깨

한해살이도 힘겨운가
묵언默言으로 서 있다
우수수 바람에
꼬투리 열고
저 자잘한 씨 쏟아내고 마는
까만음자리표

햇살 가득 물고
다문 입
더는 참을 수 없어
빗장을 여는 너는
유혹을 떨칠 수 없는 지경이었나

외로운 수행
세월이 버거워
가슴에 문을 다 열고
털리기 전에
미련 없이
스스로 토해 낸다

아등바등하지 않는
비움의 미덕이다

※아람깨: 충분히 익어 저절로 떨어질 정도로 된 상태, 절로 떨어진 깨

동강할미꽃이래요

법정 스님만큼이나 외로웠나 보다
험한 세상 피해
동강 절벽 바위틈에서 고고하게
봄이 오면 누굴 만나러 환생하는 걸까
정분情分 나눈 사람 피해
갈 곳 없어 바위틈에 힘겹게 붙어사는 걸까

우리 할머니만큼 고단한 삶일 텐데
동강에만 사는 동강할미꽃
봄이 오면 그 자리에서
아름다운 색으로 분칠하고
예쁜 머리핀 달고서 자태를 뽐내는 걸까

여든 해 맞은 우리 할머니
흰 눈을 맞은 듯 머리가 하얗고
등은 세월의 무게만큼 굽어
추수를 앞둔 벼이삭처럼
고개를 숙이고 보행기를 앞세우고 가는데

힘들게 사는 동강할미꽃
고개 숙이지 않고
하늘 향해 고개 쳐들고 피는 건
흐르는 동강의 물과 바람 때문일까

그해 여름 밤바다

여름 밤바다에서 자유의 몸짓을 본다
어디에도 문은 보이지 않는다
어디에도 담은 보이지 않는다
생로병사 섭리 모를 리 없는
여름 밤바다 쉼 없이 뒤척이며
속도 제한 없이 내달리는 아우토반이다

여름 밤바다에서 자유의 함성을 듣다
습관처럼 일어서는 물보라
뭔가 갈망하는 거친 고함
주저주저하는 망설임도 없다
좌우 편 가르고 마구발방하며
호들갑 짓하는 틈을 주지 않는다

여름 밤바다에서 자유의 영지를 본다
들끓는 욕망을 삭이지 않는다
실타래처럼 얽히는 욕심이 없다
적막 흔들어 깨워 목청껏 부르는
여름 밤바다 고적孤寂은 사치라며

한 덩어리로 굴러가는 어울림만 있다

※아우토반: 속도 무제한 고속도로

갈대의 춤사위

가을걷이 들녘
물가에
도포 자락 거머쥐고
추는 덧뵈기춤을 봐라

바람이 몰려올 적마다
살랑살랑 장단에 맞춰
대나무처럼 꺾이지 않고
으쓱거리는 몸놀림

갈대밭에 강물처럼 흔들리는
저 춤사위를 봐라
꼿꼿이 추는
황홀한 몸짓으로
서걱서걱하는 숨

징붙여 지내 온 바람으로
등을 눕혔다 굽혔다 하며
때론 세차게

때론 여리게 밟는 디딤

자연 흐름에 순응하며
자유롭게 추는 덧뵈기춤
시나위 같은 바람과 협연하는
쓰러졌다 다시 일어서는 탄력의 춤

봄의 변주

봄은 내 손주 유년의 세계

아프도록 지표 밀어내어
뽀득뽀득 일어서는
새싹
저마다 걸어 나와
건네는 상큼한 아침 인사

첫걸음일지라도
그 너비만큼
그 가슴만큼
가득한 만개滿開 바라는 마음

토담 너머
삐죽 내민 잔가지에
내려앉아
기웃거리며
꽃을 피우는 햇살
터져 나오는 웃음
살포시 깨문다

좌불안석 坐不安席

질박한 삶의 언저리
마음 놓고 풀어내지 못한
가슴 겹겹이 쌓인 얼룩 털어 내려고
들판을 헤집다 왔다
돌개바람이 시다
누이의 입술처럼 빨갛게 색칠하던 고추
버티다 버티다 떨어진다
빛깔보다 뜨겁게 햇볕 받던 토마토
견디다 견디다 갈라진다
예민하던 촉수가 말라 버린 이순耳順 고개 오르니
엎치락뒤치락 달아나는 세월처럼 내닫다
갈증이 지독해 흘릴 것 같다
무뎌진 온몸 세포 갇혀 서성이는 세월
가지 마라 떨어져라 열지 마라
채워지지 않는 허기를 견디며
바람에 떠밀려 나비처럼 이리저리 난다
허허롭고 애잔하다

결혼기념일

희망은 그만큼 버팀목이 되어
앞서거니 뒤처짐도 없이
평화만큼의 거리를 지키며
하늘의 가슴으로 품어 온 세화歲華
덕분에 초원의 빛은 쾌청했다

바람은 수도 없이 흔드는데
무거운 세월을 들치고 올라온 자식들
모난 데 없이 몽돌처럼 맹글맹글 다듬어졌다
같이 있다는 이유로 천국
오늘도 내 주머니 속으로
슬그머니 들어오는 행복 한 조각

한없이 넓은 포용력으로
들숨 날숨 넘실대며
가슴 차오르는 환희로
축일祝日에 대문에 태극기를 걸었다

모든 삶의 강을 함께 건너온 고마움

무거움을 견디며
발 앞에 놓인 현실의 거치적거림
이겨낸 55년의 연광年光
뿌듯한 자부심으로 서로 보듬으며
맞는 보람된 기념일

고사목枯死木

서로 볼을 부비며
푸르게 푸르게 풀여져
오랜 시간 결을 삭인 몸

아프고 아픈 기억의 흔적
하늘조차 모르게 살아온 사연들
비밀로 묻어 버렸나

오래 서 있다가 조용히 울고 간 자리
물컹하고 가슴을 치고 돌아선 고사목
혜량惠諒의 정도를 넘어섰다

초록의 생명 끝에
시름시름 기세를 갉아먹을 때도
의분義憤하지 않는 위풍당당한 그 신비
수도승처럼 참 마음이 넓다

인두화※

뜨거운 단심丹心이 피어났다
속내를 훌렁 뒤집으며
온몸 구석구석 태워야 사는
삶이 얄궂다 삶이 짓궂다

잠들어 있는 가슴에
통증이 질펀하게 눕지만
내겐 그게 녹비 같은 영양 주사다
내겐 그게 두엄 같은 백신 주사다

냉랭한 가슴을 태워 주며
저리도 아프게 마지막 순간까지
숙명처럼 사는 것도
운명을 받아들이는 것도
무언가 이루고 가야 할
열정을 끌어들이는 흡인력 탓이다

※인두화: 나무, 대나무, 상아 따위의 표면에 인두로 지져서 그린 그림
  이나 그 기법

승강기

승강기는 널뛰기와 같다
오르막이 있으면 내리막이 있다
두려움과 호기심이 혼재된 세상
구원자처럼 가야 할 길을 간다
끝 간 데 없이 높이 오르는 인간의 허영
승강기는 욕심의 굴레가 없다
그들먹하면 계영배戒盈杯※처럼 비운다

급하고 바쁜 일상에도
세상이 힘들게 해도
번갈아 가며 오르막을 지운다
번갈아 가며 내리막을 지운다

흐름은 있고 멈춤이 없는 일상
들숨 날숨의 음표처럼 리듬을 살리며
쌓아 가는 비범함도 내공이다

세상사 오고 가는 것
낯가림 없이 밀어 넣고 오르내리는

몸짓은 쉼을 모르는 열정이다

※계영배: 술이 일정한 한도에 차면 구멍으로 새어 나가도록 만든 잔

식탁에 올린 말

말은 밥이고 찬饌이다
여든의 황혼길
살아오며 차린 식탁의 말들은
소음이었을까 잡음이었을까
종지 안에 회한悔恨만이
남상남상 담겨져 있다
몇 푼짜리일까

닭살이 돋거나 말거나
쏟아낸 달달한 말
남 약 올리려다가 한 말이
되레 내 몸이 곤란해져
"그거 참 깨소금 맛이다" 소릴 들었다
속을 후벼 파듯 눈물 나게
청양고추 베어 물면
얼얼한 매운 말도 올렸다

입안에 군침이 도는 새콤한 말
마음을 다잡고 건네는 쌉쓸한 말

쓰디쓴 처방약 같은 떨떠름한 말
비아냥거리는 땡감처럼 떫은 말
나를 둘러싼 세계를 바꾸는 말들
마음에 담은 빛깔이
조금씩 바래지는 듯해
말끝이 늘 공허空虛하다

입은 말을 만들어 발화發話해 주는 출구
잘 고아진 곰국 같은
어머니가 들려주시던 구수한 말
소금처럼 간간한 말
잔잔하며 그윽해 진국이다
말맛을 돋우는 어머니의 밥상이 무척 그립다

잡초의 얼

교과서 밖에서 제집인 양
불쑥 비어져 나와 산다
타고난 약함을
스스로 강함으로 승화昇華시킨다

바라지 않는 곳에 자란다고
걸리적거리는 훼방꾼이 아니다
가꾸지 않아도
제멋대로 무심하게 나서 자란다
특별하지 않지만 특별하다
엄선된 엘리트다

열매를 맺지 않는 잡초는 없다
어쩌면 아직 발견하지 못한 가치를
가슴에 품고 있을지도 모른다
우린 각자의 가치를 아직 모르는 경우가 많다
가까이 다가가 말을 걸고 눈을 맞추고 귀를 기울일 때
깨닫는 삶의 지혜

밟혀도 일어서지 않는다
가만히 죽은 척도 한다
땅 위로 쭉 뻗어 나가는 것만 능사가 아니다
일어서는 무모한 끈기가 능사能事가 아니다
꽃 피우고 씨앗을 남기는 굳세고 듬직함

싸우지 않는다
대충 자라나지 않는다
중요한 것을 놓치지 않는 삶
"잡초처럼 강하게 살아라"
사는 곳이 달라지면 상황이 달라진다

바보

바보처럼 살다 보면 고요가 잘 보인다
소리가 자욱하게 깔린다
고요가 마술처럼 번진다
나는 늘 젊을 줄 알았다
나는 나이 들지 않을 줄 알았다
남보다 뒤처지지 않는 줄 알았다
고개 숙인 벼이삭 바라보면서도
'나 잘났다' 우쭐대던 지난날 모습
부끄러운 줄 몰랐다
나는 문제가 없고
남에게만 문제가 있다고 착각하며 살았다
늙어도 도전하는 것이 당연한 줄 알았다
최선을 다하는 것이 삶의 존재를 확인하는 줄 알았다
노년기라 해도 무엇이든지 할 수 있는 줄 알았다
내 맘에 물들고 물들다가
단물이 다 빠지는데도 난 몰랐다
나는 나를 속이고 있는 걸 몰랐다
나는 평생 바보인 줄 몰랐다
무딘 언어와 서툰 생각이 잘 다듬어지지 않는데

시를 붙들고 씨름하고 있는 줄 몰랐다
둥근 몽돌로 다듬어지는 세상
묵묵히 제자리 지키고 있는 들풀을 보면서도
순응하며 견디는 삶을 살아야 하는 줄 몰랐다
훨훨 날아가고 싶은 자유의 형상을 꿈꾸며
소화되지 못한 일상의 파편들이
휘어지고 구부러져도 되새김질하던
청산靑山을 품은 몸부림
걸어온 나의 세월이 바람보다 빠르다
세월의 더께만큼 저문 날 창가에 서니
내가 바보처럼 살아온 걸 알았다

가을의 무게

가슴이 한 뼘 넓어지는
가을이 앉았다 떠난 자리에
단풍처럼 아름다운 사연들이 남는다
들판을 오색으로 붓질한
나눔과 이웃 사랑들
채운 만큼 비우고 간다
오만 가지 색깔로 가슴속을 뒤흔들며
집착이 내려앉는다
가을만큼만 겸손하라고

색색이 물드는 살아온 진실을 갈무리하는
청정한 가을이면 좋겠다
가슴 저미도록 힘겨웠던 사연들
낙엽처럼 후드득 내려놓게
바스락, 부스럭 속삭이며
"힘들었죠" 위로 속에
가을 하늘보다 더 넓은
사랑이 내장되어 있다

계절이 품은 색깔을
벗어 던지고 떠나는 가을은
누군가는 그늘이 되어 주고
누군가는 철리哲理가 된다
오늘 이대로 눈부시다
힘들고 어려운 일들 지나니
빛깔의 유혹 물리치고
가을이 앉았다 떠났다

흘러온 강, 흘러갈 강

칼럼집 제목을
"무슨 재미로 사나요?"로 명찰을 붙였다
아내가 물었다
"여보 우린 무슨 재미로 살지요?"
헛웃음을 날리며 마음을 흔들었다
"강물처럼 흘러가는 재미로 살죠"
강물이 그냥 바람을 껴안고 가듯
이제껏 멈추지 않고 흘러가고 있지 않나
깃대봉만큼 오롯이 세운 자존심부터 내려놓고
길고 짧은 걸 재지 않고 가는 강물이 아닌가
푸념하지 않고 더 바랄 것도
가질 것도 없는 무위자연의 삶으로

바람이 불고 꽃이 지고
80여 년 시간을 먹고 사는 강물은 푸념 없이
제 갈 길을 찾아가는 유유자적 행적이다
흘러가며 다투지도 시샘도 없다
평화는 이런 것이다
"스스로 정화淨化하는 이는 당하지 못한다"는

폭풍우 같은 우렁찬 외침에
강은 의기양양하다

얼마나 흘러가야 따스할까
미련 던지고 아픔 지우며
근심 없는 내일로 가는 티 없는 영혼의 몸짓이다
오늘도 흘러가는 강은 속이 참 깊다

겨울밤

겨울밤은 위선이 없다
밝음과 어두움을 가려내는 가시可視뿐
가짐도 빼앗음도 꼬리 내리는
겨울밤은 가슴이 거울처럼 맑아진다
숲속 나무도 눈 터는 바람 소리에
몸을 뒤채기며 무게를 내려놓는다
내 삶의 굴곡진 무늬도
눈보라 날리는 엄동 속에서
서로 껴안으며 수정판처럼 얼었다
무채색 세상을 향해
느린 걸음 재촉하는
겨울밤이 고개를 들이밀고
옴츠러드는 내 의식을 훔쳐보고 있다
뉘우침을 안고 돌아서 있음은
그리움을 뱉어내고 있다는 걸

가파도 청보리

신들도 떠나지 못하고 있을 것 같은
수평선 하나인 듯
나지막한 섬, 가파도에
카펫 물결처럼 청보리가 펴졌다 접어진다
수평선을 당겨서 깔고
접신接神한 무녀의 춤으로 흠씬 달아올라
짙은 초록으로 갈아입고 옹알이한다
하늘마저 시샘하듯 파랗다

바다 가운데 물결 출렁이는
또 하나의 바닷속
겨우내 바닷바람 뒤집어쓰고 있던 청보리
파랗게 피어나는 푸른 세상
"모두 헛되고 헛되도다"라고 말하지 말라는 듯
풀어내는 질펀한 사연들
들판을 가로질러
낮은 자세로 가파도 섬 위를 구르는
푸르른 자유가 부럽다

여름 한낮

조금만 일렁이어도
뜨겁게 타오르는 한나절
눈꺼풀마저 풀려난 시간
죽은 듯이 누워 있는 한낮의 고요
더위를 삼킨 채 잠들어 있다
빛의 기지로 발산하는
열풍에 눈은 시리고 따갑지만
선회旋回하는 몸짓
따가운 해가 솟아도
마냥 무채색인 여름
뭉게구름만이 깨어나
자리를 옮겨 앉는다
함성이 오르듯
뜨거운 계절의 복판에
활활 불붙어 타들어 가는
내 가슴속의 산들
햇살과 바람을
내 겨드랑 밑으로 흘려보낸다

눈발이 날린다

순도 높은 정화제
세상 가득 펼쳐 놓고
삶을 표백한다

깃털처럼 가볍게
마음 여미고
버거운 삶을 덮는다

더 낮게 더 낮은 몸짓으로
홀홀히 털어내는
은빛 가루

시린 세월
바람에 날리면서
내려앉는 더 밝은 세상
온 산하 손발 뻗어 품는다

봄날의 기도

봄날은 홀로 오지 않게 하소서

햇살 물어 나르는 연둣빛 음표
명지바람에 붉어지는 수줍은 꽃
망설이며 고개만 내미는 싹들
막 풀어놓은 봄 햇빛 속에
새치기하며 얼굴 내밀게 하소서

봄날엔 흘깃 보는 것만으로도
봄날엔 눈 맞춤만으로도
여닫았던 마음에 샛바람이 일게
햇살 품어 들썩이는 나뭇가지마다
감동의 꽃이 피게 하소서

고개 든 꽃망울
호기심에 갓 필 봄꽃
알라처럼 흐드러지게 웃게
벌과 나비 먼저 봄나들이 나오게 하소서

봄날은 부푼 설렘 갖게 하소서

나는 특례시민이다

키가 커서 박큰노미
작아서 김자근노미
착한 사람 조호노미
나이 잘 몰라 김쉰동이
이들은 거장이다. 거룩한 장인이다
230여 년 전 어깨 으쓱할
성곽의 으뜸 화성을 세웠다
이놈 저놈 소리 듣던
거룩한 장인의 손끝에서
230여 년 후 어깨 들썩할
도시의 으뜸 특별시민 세웠다
문화 도시 첨단 도시 자긍심 뿜어
수원을 새롭게 시민을 빛나게
돌 다듬듯 새 역사를 세운다

홀로 선 나무

자연의 품 안에서
바들바들 떨면서도
고즈넉하게 바라볼 수 있는 여유

홀로 선다고 허망한 것은 아니다
홀로 있다고 서글픈 것은 아니다

허수아비 같은 나의 허상
주눅 들지 않고
홀로 선 나무
늙은 모습만큼 깨달음이 늘어 간다면
바라보는 만큼 그 세월은 소중하다

백년해로 百年偕老

평생 걷는 걸음을 맞춰 주는 마음
소소한 일이라도 얼굴 맞대고 함께하는 마음
끼니마다 정성 다한 식탁에 앉으면 양념 종지처럼
고맙다는 말부터 하는 마음
하찮은 작은 잘못도 미안하다고 말하는 마음
틈틈이 우스갯소리로 얼굴에 주름을 그려 주는 마음
생일이면 잊지 않고 노란 장미 한 송이 주는 마음
마음 밭에 작지만 소중한 마음이 뿌려졌습니다
강물은 알아 달라고 소리 내는 법이 없이
멈추지 않고 흐르듯
소소한 행복을 담은 세월은
은근하고 따뜻하게
그렇게 백년을 향해 흘러가고 있습니다
맞잡은 두 손엔 꿋꿋하게 삶을 지켜 낸
소소한 강복康福이 녹아듭니다

희우 喜雨

가물음 끝에 곪아 터진 아픔을 토해 낸다
갈급한 그리움 아랑곳하지 않고
미친 듯이 기어오르는 빗줄기

찌뿌드드한 여름 하늘
꽉 짜면 뚝뚝 떨어질 것만 같던
참았던 두근거림이
온몸을 바르르 떨며 생의 너울 몰고 왔다

가슴속 한 매듭 옹이 풀었다
잠든 늪도 뒤척인다

구름 사이 헤집고 달려왔을
이렇게 홀로 벌거벗은 채
거친 숨소리
오랜 침잠沈潛 속에
반가운 비가 내린다

물먹은 가슴 키우며

한껏 털어내는 여유로움
긴 가물 이겨낸 간절함
균형을 잡으려는 안간힘일까

어두운 무게로 쳐다보다가
앙가슴 열고 일어서는 초록 그늘
쉬엄쉬엄 내리는 희우喜雨에
활기를 되찾은 탄성
희망의 자국이다

난 그래서 좋다

씹으면 씹을수록
단물 솟는 맛
나무들 형제처럼 의좋게
위아래 없고
지배할 것도 지배당할 것도 없는
고향 집 댓돌의 태갈 같은 친구
난 그래서 좋다

일별一瞥의 눈짓만으로도
다 아는 속마음
으늑한 가슴 열고 마구 쏟는 정情
묻어나는 뙤약볕
묵묵히 하늘 우러러 푸른 숲 이루며
바람에 흔들릴 때마다 중심을 잡아 준다

세월 절어 손때 묻은
단 한 사람
절로 나는 맑은 정情, 따순 정
자주 발에 걸려 넘어지던 삶의 의문들

석류알 같은 답을 주는 친구가
난 그래서 좋다

독서라는 이름의 친구

싱싱함 건져 올려
요동치는 생명력으로
질편한 삶 다지는
나의 오랜 친구
무성한 언어 속에
내 영혼의 불 밝히고
목마름의 단비로 내려
오늘도 날 깨어나게 하네

방안 가득 책장 넘기는 소리만 들리는 황홀감
가슴 터질 듯 생생한 꿈에
날개 달아 주고
마구 흔들어 깨우며
나이 들지 않는 만년 아이돌을 갈망케 한
최상의 친구
정념情念을 풀어
빈 공간 채워 주며
슬픈 날 조용히 다가와
어깨 두드려 주고
사람 사는 세상 열어 주네

잔도栈道

누가 길이 없다고 말하는가
누가 희망이 없다고 말하는가
길은 내가 찾지 못했을 뿐
희망의 끈은 내가 잇지 못했을 뿐

구불구불한 절벽에
숨통을 트듯 길을 여니 별경別境이다
금강산과 가까운 철원 한탄강
외로운 절개 빼어나고
큰 바위 부여잡고 고송처럼 푸른 하늘에 섰다

청산을 호위하듯
천진화폭天眞畫幅엔 뭇 봉우리 일어난다
온갖 생각 사라지고 점점이 연경煙景이다
한길 높은 바위 휘어잡은
고금을 관통한 잔도栈道※
너의 존재를 알았다
누가 길이 없다고 말하는가

※잔도栈道: 험한 벼랑에 나무로 선반처럼 내매어 만든 길

노老시인의 서리태

노老시인* 가시지 않은 피로 떨치고
숨죽여 내리던 찬 서리를 품은
서리태를 거둬들였다
골이 팬 손 얹혀 있는
땅 기운 꼭 짜 끌어안고 얼굴 내민
쥐 눈 닮은 서리태

"약콩이다. 속청이다" 저마다 품정品定한다

이렇게 묵색墨色으로 사랑받는 건
서리, 다 네 덕이다
들락거린 뭇 바람, 뭇 빗줄기, 뭇 벌레
아픈 기억의 흔적들 털어 버리고
서리에도 굴하지 않는 저 당당함
속으로 푸른빛 감추고
콩깍지 잔가시 뻗어 하늘 우러르다가
늦가을 하늘에
까뭇까뭇한 느낌표를 찍었다

※노老시인: 콩농사 짓는 90세 유선 시조시인

천 원 밥상

한 끼 시름 풀자고
연민憐憫을 딛으면
가부좌 틀고 현자처럼
허기를 채우려고 앉았다
몸과 영혼이 가벼워진다
살뜰히 품은
천 원 한 끼의 무게
덧보태져서
밥상은 약상藥床이 되어
마음이 등불을 켜고 환해진다

하수구 下水溝

높다고 자랑 마라
고산준령에 떨어진 빗방울도
낮은 데로 낮은 데로 몸을 섞어
흘러와 안기는 종착지다

세상은 콱 막혀 있는 것 같지만
모든 갈등들 장벽 뚫고
알맞은 온도로
질펀하게 흘러와
제일 낮은 자리로 빨려든다

있다고 까불지 마라
몸을 세우고 높게 살아온 모든 것
장엄하게 응얼거리는 목소리 들으며
가쁜 숨 몰아쉬며
이 누추한 곳에서
가뭇없이 사라진다

큰손녀의 정답

코로나로 막힌 봄날
할머니 할아버지, 아들 부부
저마다의 모습을 담고
숲길 산책에 나섰다
어느 사이
안을 수 없을 만큼 커 버린
함께한 대학생 큰손녀
늘상 웃음이 환하다
그가 오늘 건네준
한마디가 할머니 할아버지를 흔든다
"유명 대학 입학하는 건
뚫고 들어가는 정답이 있어요
코로나로 버겁게 자영업 꾸려 가는
엄마가 하는 사업은
오리무중이고 정답이 없어요"
위무慰撫하는 말이 엄마를 곱게 싼다
보석 같은 큰손녀
다소곳이 앉았다 쏟아낸 몸짓에
더 흡족해하는 할머니 할아버지

나누는 즐거움으로
조그만 공간이 건강하다

모심慕心의 어머니

추억으로 숙성되어 가는
주름진 어머니 얼굴
눈길 닿는 곳마다
지나온 흔적들
이젠 지워야겠습니다
거센 바람이
나를 흔들 때마다
소리소리 없이 잡아 주던
거친 손길이지만
언제나 노란불을 환히 켜는
모심慕心의 어머니
세 평 좁디좁은 공간※에서
이젠 드넓은 우주로
보내 드립니다
행여나 휘어갈지라도
어머니 가신 그 나이를 지난 자식이
이젠 먼 하늘 영원으로 가시길
가슴에 불망비不忘碑 세웁니다

※공원묘원

산에 간 아빠

아주 어린 날
"엄마, 아빠는 어디 갔어?"
"응, 아빠는 산에 갔어"

구름을 움켜잡으려는 듯
앞산은 높았다

내가 커갈수록
앞산은 산등성이를 끌어당기는 듯
점점 낮아졌다

산에 간 아빠는
산이 높아 오지 않는 줄 알았다
산에 간 아빠는
흰구름 내려앉아 바위가 되어
오지 않는 줄 알았다

세월의 고집을 가늠할 수 없는 긴 시간 속에서
산에 간 아빠는
산이 들처럼 낮아져도 오질 않았다

아버지의 한마디

아버지의 한마디는
마음의 옷
아침마다 창을 통해 햇살 들어오듯
삶을 순조롭게 해주는 방향타다

등짐 지고 산길 오르듯
힘든 삶의 고개를 넘게 하는
든든한 응원군이다. 혼쭐을 내어도
바다에 누워 있는 함선艦船처럼
아버지의 근엄한 한마디
회초리가 되어 삶의 항로가 된다

퍼내어도 마르지 않는 사랑의 샘은
삶의 배양토가 되어
사랑의 가치가 가장 소중함을 키운다
희망의 우듬지가 돋는 듯해
마음이 따스하고 온화하다
오늘도 아버지의 한마디는
저만치 봉우리 세우고
짙푸른 기상을 뿜어낸다

이웃과 등지지 말거라

내가 먼저 마음을 여는 곳
내가 먼저 마음이 다그는 곳

해마다 주인집 얼굴처럼 붉은 대봉감 한 바구니
담장 너머 넘겨준다
"얼마 되지 않지만 맛보세요"
우리 집 마님 스웨터 닮은 진노란 모과 한 바구니
담장 너머 넘겨주며
"못생긴 모과지만 진한 향기 맡아 보세요"

담장에 쌓여 있는 어머님 말씀
"이웃과 등지지 말고 살거라"
소리 없이 곁으로 다가오는 따심

자갈자갈하듯 정들어 정붙고
등지지 않으면 이웃은 등불이 된다

서재 書齋

숲속의 비밀 정원
발원한 지식의 강이
옥토를 만들고
굽이굽이 흘러가는
도가적인 평화
그 품에 안긴다
서원처럼 고즈넉하다

주상절리처럼 쌓인 책더미
침묵의 아우성으로 일어서서
손을 흔든다
서재는 지지 않는 꽃밭이다
사시사철 싱그럽게 꽃 천지다
갈피에 묻어 둔 향기를 꺼내 길게 마신다

풍성한 여유와 침잠沈潛의 시간
책의 밀도가 서재의 존재다
거듭 퍼내어도
드러나지 않는 지식의 바닥

환한 금맥 담은
책 뭉치가 비좁은 공간에
임시 거처 삼아 누워 있지만
쩌렁거릴 날
눈 틔우며 기다린다

주름살

골마다 바람을 안으며 세월이
앙금처럼 내려앉았다
더는 머물 수 없어
홈질하듯이 줄 하나 남기고 가려 한다

한 계단 한 계단 밟아 온
아릿한 삶의 흔적
어느 만큼의 시간이 흐른 뒤에야
쓸쓸한 아름다움인 줄 알았다

골이 깊어야 물이 흐르듯
굽이쳐 온 세월 따라
누가 뭐래도 낮은 곳으로 흘러가는
오늘과 내일의 경계를 긋는다

복기復棋하는 삶

바둑 천재 이세돌
검지 중지로 길을 만들었던
400번의 착점
다시 찾아 나선다
뛰어든 쉽지 않은 이 길에서
복기는 되돌아보는 반성일까, 성찰일까
승리하는 자도 패배하는 자도 복기한다
팔십 평생 아득한 하늘
빛바랜 지나온 길
잡으려도 잡을 수 없고
거슬러 갈 수 없음을 알면서도
발 닿을 수 있을까
물컹거리는 기억 속에
살아갈 날의 지혜를 위해 복기한다

소리

기류 따라
흘러가는 나그네

품고 살아온 날들을
놓지 못하고
흩날리고 흩어지다가
끝내 돌아오는 것

저쪽에서 이쪽으로
성큼 건너와
박자에 맞춰
이어지는 높낮이표

혼자만의 그림자 끌어안고
어물쩡
스쳐 가는 회상回想처럼
긴긴 세월도
길을 잃고 비켜 간다

가을의 구도

가을은 파란 하늘처럼 평온함이 병기다
어느 화백의 소묘素描처럼 누운
가을의 뒤태
고요가 빈 뜨락에 내려앉는다
누구에게나 눈부시었을 세상
더 이상 어찌지 못해
불같은 절기에 품었던 번뇌와 집착 내려놓고
조용히 마음의 시련,
삶의 행간마다 스며 있는 미련
참깨처럼 몸을 턴다

가을은 내려놓는 게 무구武具다
햇빛과 바람은 볏단 어루만져 털고
과목은 움켜쥐지 않고 저마다 몸을 푼다
여름내 헝클어진 마음 밭 가지런히 정돈한
가을걷이는 돌아보는 침정沈靜의 시간이다
삶은 기을처럼 내려놓을수록 빛난다
오래전 곁을 떠난 친구와 같은
아쉬움과 그리움만 남긴 빈 터전에

소리가 먼저 와 가부좌하고 있다
가을 걸음은 종종대지 않고 온다

지송志松※, 참 좋은 당신

용바위 우뚝 선 노송老松 한 그루
놀라운 색깔과 소리와 현란한 무늬를 보고 듣습니다
당신의 푸르른 영혼은 온통 축제입니다
거센 풍우風雨의 세월 속에서도
거대한 뿌리, 여든여덟 해 뻗어 나가 거목巨木을 이룬
솔빛 가득한 나무는
미움의 언어言語들을 사루고
솔빛 향기 물들이며 살아온 나이테
갈 길 바빠 흐르는 물소리 속에서도
곧은 물길 만들며 중심을 지켜온 삶
분수로 쏟아지는 사랑을 봅니다
오늘도 참 좋은 당신이 있어
밀물 같은 훈훈한 정情들 만나
모든 이 하나가 됩니다. 모두 한 형제가 됩니다
변함없는 사철나무처럼
언제나 향기가 진동합니다
가라앉아도 가라앉아도
당신의 사랑은 바닥이 없듯
그렇게 살아온 삶,

시간을 붙들어 놓고 싶습니다
참 좋은 당신이 있기에.

※ 지송志松 우봉제禹鳳濟 미수米壽 찬미시, 올해 100세

누룩처럼 산다

누룩은 신기루처럼 번진다
저 어둠 끝에는
무엇이 도사리고 있을까
씁쌀한 향내 스미면
뜨겁게 번져서 삶을 환히 밝힌다

누룩은 신기롭게 퍼진다
오글쪼글 묻어 둔
사연이 도사리고 있을까
속살 속에 옹벽 만들지 않고
포동한 살을 얻어 피가 돈다

무수한 세월이 지나도
불변의 영롱한 생명을
누룩은 실타래처럼
휘감았다 풀고
풀었다가 다시 휘감아
심장에 자신을 묻는다

가슴으로 피어난 꽃은
영원히 시들지 않듯
한 몸 제물로 바쳐져
썩지 않고 익어서
세상 한쪽 밝힌다

가지치기

세찬 바람 이겨 내며
욕심만큼 웃자란 가지 자른다
선택의 틈새에서
덧없는 나이텐가
삭정이가 되어 간다

삶의 가지치기는
머문 자리 화려함도
파고드는 정 그리워도
거쳐야 할 철칙인 것을
한평생 굽이굽이
웃자란 촉수를 잘라낸다

세월은 침식 작용인가
하늘 향해 팔 벌리며
무욕無慾의 허공을 휘저어
가지 끝에 앉은 고독만 남아
몸짓이 가랑가랑하다

댓글

뱉어 낸 내밀한 맹독
살갗 위로 퍼질 때
천 길 낭떠러지
마음 자락 아프다

칡덩굴 엉키듯
끝없이 천지간을 감아채는
한마디 한마디가
함성 없는 민란民亂으로
오금을 저리게 한다

눈 감고 귀 닫아도
품었다가 풀었다가
누에처럼 쏟아 내는
젖은 언어들
옹이로 박힌다

노안 老眼

등 뒤에 흘린 세월
희미한 조도照度만큼이나
걸어온 내 발자국
영 밝지 않다

뭔가 멍석처럼 똘똘 말아 둔
삶의 자국이 있어도 없는 것 같다
삶의 내력이 없어도 있는 것 같다

난 그냥 그대로인데
주변에 흩뿌려져 있는
지우고픈 탐탁찮은 말들
눈앞에서 서성인다

햇살에 맑고 서늘했던 눈빛
운무雲霧처럼 밤낮으로 자욱한데
세상은 탈 없이 굴러간다
어느 길목에서 다시 만날 수 있을까
뒷모습이 아득하다

바쁘다는 것

바쁘다는 건
그라운드를 누비며
기회를 얻는 것
평발이라는 악조건
동양인이란 비아냥 받는 박지성은
남보다 바쁘게 움직여
축구 종주국 영국을 누볐다
너무 빨라 산소탱크 별칭을 얻었다
바쁘다는 건
경기장을 휘저으며
틈새를 찾는 것
양발 슈팅력을 가진 손흥민은
남보다 부지런하게 뛰어
축구 본가 프리미어 리그를 잡았다
바쁘다는 건
거대한 벽 유럽 무대를 상대로
명성을 얻는 것
첫 무대지만 차범근은
남보다 기술적 우위로

축구 강국 독일을 흔들었다
박지성, 손흥민, 차범근
아시아를 넘어 세계로 바쁘게 움직여
심마니가 심봤듯이 골맛을 봤다
전설적 존재가 된
축구 스타들 바쁜 삶의 열정이 환하다

정월 나혜석이여

떠난 자리가 붉다
불길처럼 활활 타오르게
맨 처음으로 변혁 꿈꿔 왔다
색채로, 언어로, 몸가짐으로
되돌아갈 수 없는 길인 줄 알면서
팔을 걷어붙이고
머리를 질끈 묶은 다짐으로
광막한 사막 길 홀로 걸었다
외롭다 여기던 길들이
지지 않는 꽃처럼 긴 세월 속에 열렸다

스멀스멀 두려움이 몰려
내동댕이쳐지기도 했지만
마지막 숨을 토해 내며
새 생명의 불꽃을 피웠다
외톨이 별처럼 영원히 태어났다
그림으로, 글로, 몸짓으로
강물처럼 쉬지 않고 출렁이는데
어둠을 평정한

그의 충만한 자유 속에
무슨 말을 해야 할 것 같은데
왜 나는 선뜻 들어설 수 없을까

뜨락

광장시장 포목 가게에는
채색옷 입은 꽃무리
살포시 웃으며 일어난다
자기 노래 맘껏 뽐내고
쉬었다 가는 이름 모를 산새
눈부신 아침 햇살에 난다

광장시장 포목 가게에는
수줍은 배롱나무
까르르 웃음 짓고
반짝반짝 피어오르는
충만함이 손길을 받아
또 다른 빛을 발산한다

그림처럼 펼쳐지는
켜켜이 쌓인 안온함
함박눈 소리 없이 내리듯
광장시장 포목 가게에는
수긍하고 받아들이는
세월이 내려앉는다

작가라는 이름

작가는 홍학처럼 군무群舞를 추지 않는다
재난지원금도 비켜 앉은 자영업이다
누구의 간섭을 받지 않는 개별적 존재다

작가는 영화감독처럼 제작하지 않는다
깨어 있는 문심文心으로 창작한다
자기 세계를 드러내 보인다

작가는 언어의 그물에 매달리며 산다
꼿꼿한 자세로 시대를 읊어 증언한다
문학의 숲은 아름답고 청정淸靜하다

독자가 기대고 싶거나 주저앉고 싶을 때
작가는 명작名作으로 선뜻 말을 건네준다
맺힌 멍울 풀리고 마음 포스근해진다

김훈동 시인의 시 세계

발문

[발문]

내적 상실 극복을 위한 동경憧憬의 시학

조석구 | 문학평론가, 문학박사

김훈동 시인이 다섯 번째 시집 『아람깨』를 상재한다. 『우심雨心』, 『억새꽃』, 『나는 숲이 된다』, 『틈이 날 살렸다』 등의 시집으로 호평을 받은 바 있다. 그는 수원 토박이다. 신풍초등, 북중, 수원농생명과학고, 서울대 농대를 졸업한 수재로 고향 쾨니스히스베르크를 한 번도 떠난 적이 없는 칸트처럼 수원성을 굳세게 지키는 수원성 성주다.

김훈동 시인은 박학다식하다.

그는 평소에도 늘 손에서 책을 놓지 않는 독서광狂으로 간서치看書痴이기 때문이다.

사르트르는 말했다. 인간 사회는 얼굴이 지배한다고.

그는 얼굴이 수려하고 단아한 용모를 지녔다. 이목구비가 뚜렷한 것처럼 그는 매사에 맺고 끊는 게 분명하다.

그의 음성은 한 옥타브가 높다. 수준 높은 유머와 말솜씨는 분위기를 휘어잡는다. 분위기 메이커이다.

사람을 처음 만나면 호감이 가거나 지루하거나 두 가지 중 하나다. 그는 전자에 속한다. 사람을 끌어당기는 흡인력이 있다. 대인춘풍待人春風으로 흙 냄새를 풍기며 봄바람이 되어 접근해 오기 때문이다. 그를 만나면 큰 바위에 몸을 기댄 듯 든든하고 고향 집에 온 것처럼 마음이 편안하다. 그와 얘기를 나누면 광교산에서 발원하여 흘러내린 물이 방화수류정을 거쳐 흐르는 유천처럼 끊임이 없는 달변이다.

그는 시인, 수필가, 방송인, 칼럼니스트, 대학교수, 신문사 편집국장, 농협중앙회 경기지역 본부장, 경기도유도회 회장, 대한적십자사 경기도지사 회장, 수원문화재단 이사, 한국예총 자문위원, 국제PEN한국본부 자문위원, 다산연구소 상임고문 등 그가 지닌 직함들이다.

그는 후학들에게 귀감이 되는 느티나무 거목이다.

그의 그 뜨거운 푸르른 열정passion에 박수를 보낸다.

그는 슈퍼맨이고 팔방미인이며 불사조 피닉스phoenix이다.

그는 매사에 긍정적이고 낙천적이다. 시대와 사회가 내 뜻대로 되지 않아도 하늘을 원망하거나 남을 탓하지 않는다. 불원천不怨天 불우인不尤人이다.

이쯤서 그에 대한 전기적 고찰을 줄이고 그의 식탁에 가서 흔쾌히 마른 빵과 따뜻한 커피를 마시며 그의 시 세계를 천착해 보기로 하자.

우리는 지금 서정을 잃어버린 산문 시대에 살고 있다. 서정이 없는 시대는 감동이 없는 시대이고, 감동이 없는 시대는 불행한 시대이다. 디지털 시대는 사람과 사람을 이방인으로 만들고 떠도는 섬으로 만들었다.

모름지기 사람과 사람은 몸으로 만나야 한다.

시는 간섭받을 수 없는 영혼의 새벽이며 자유에 대한 무한한 꿈이다. 시를 쓰는 것은 영혼의 고향을 찾아가 등불을 밝히는 일이며 자아를 발견하고 자기 성찰과 자기 극복과 자기 완성을 통하여 자기 구원을 얻는 일이다.

시는 구원이며 부활이다. 참 죽음이 없이는 부활이 없다. 침묵을 향한 보이지 않는 유혈의 고통은 수없이 원고지에 그를 태질하고 절망시키고 죽게 만든다. 죽음으로써 다시 한 편의 시로 탄생하여 구원과 부활의 기쁨을 누리게 되는 것이다.

내가 먼저 마음을 여는 곳/ 내가 먼저 마음이 다그는 곳// 해마다 주인집 얼굴처럼 붉은 대봉감 한 바구니/ 담장 너머 넘겨준다/ "얼마 되지 않지만 맛보세요"/ 우리 집 마님 스웨터 닮은 진노란 모과 한 바구니/ 담장 너머 넘겨주며/ "못생

긴 모과지만 진한 향기 맡아 보세요" // 담장에 쌓여 있는 어머니 말씀/ "이웃과 등지지 말고 살거라" / 소리 없이 곁으로 다가오는 따삼 // 자갈자갈하듯 정들어 정붙고/ 등지지 않으면 이웃은 등불이 된다

—〈이웃과 등지지 말거라〉 전문

이 시는 참으로 겸손하고 착하고 효심이 가득하다. 옛 속담에 "세 닢 주고 집 사고 천 냥 주고 이웃 산다"는 말이 있다. 원수불구근화遠水不求近火라 하지 않던가. 먼 데 있는 물로는 가까운 데 불을 끄지 못한다고 했다. 이웃은 사촌이다.

일찍이 시적 화자는 선비先妣의 말씀을 금과옥조로 새기고 있다. 예로부터 효는 백행지근본이라고 했다. 사람의 모든 행동 중에서 밑뿌리가 되고 으뜸이 되는 것은 효도이다. 사서삼경의 하나인 『시경』에 존경함에 아버지보다 더함이 없고, 의지함에 어머니보다 더함이 없다고 하였다.

그리하여 아버님이 돌아가시면 일생을 두고 외롭고, 어머님이 돌아가시면 일생을 두고 슬프다고 하였다. 이 율곡은 삼천 가지 죄목 가운데 불효가 첫째라고 하였다.

담장은 이웃을 배려하고 덕을 쌓는 따뜻한 소통의 통로이다. 이웃을 위하여 어둠을 밝혀 주는 등불이 되라고 하신다. 남을 위하여 등불을 밝히다 보면 내 앞이 먼저

밝아진다는 서늘한 지혜와 진리를 일러주신 거다. 평이한 시어로 얽어 짠 시이지만 메시지가 선명하여 독자들에게 잔잔한 감동의 파문을 일게 한다.

우리 엄마는 한 끼가 무서웠습니다/ 행여 식구들 굶길까/ 우리 엄마는 평생 생명의 젖줄을/ 악착같이 붙잡았습니다/ 자식들 투정하면 행여나 굶길세라/ 우리 엄마는 한 끼가 두려웠습니다/ 번개 내리듯 가슴 훑어 내리는 아픔에도/ 딛고 일어서는 저 붉은 사랑의 집념/ 우리 엄마는 멈출 수가 없었습니다/ 한 끼의 삶이 모질었습니다/ 육신의 무게 털고 아무도 몰래 숨 가쁘게/ 여물지 못한 한 끼를 주워 담았습니다/ 서걱거리는 억새 바람처럼 흔들어 대는/ 우리 엄니 긴 하루가 무서웠습니다

—〈한 끼〉전문

보릿고개 넘기기가 저승 가는 길보다 무섭다고 했다. 옛날 선인들은 듣기 좋은 소리 세 가지를 얘기했다. 첫 번째가 아들 글 읽는 소리, 두 번째가 가뭄 끝에 단비 내려 건갈이 논에 도랑물 들어가는 소리, 세 번째가 자식들 목구멍에 밥 넘어가는 소리라고 했다. 여북하면 목구멍이 포도청이라 했겠는가.

인용된 시를 읽으면 숨이 멈추고 가슴이 먹먹해지며 눈시울이 뜨거워진다. 생전에 고생만 하신 어머님을 그

리워하는 사모곡思母曲 헌사이다.

프랑스 사람들은 어머니를 '메르'라고 하고 바다도 '메르'라고 똑같이 발음한다. 바다보다 깊고 넓은 어머니의 거룩한 사랑을 뜻한 건 아닐까. 어머니의 아가페 사랑을 어찌 필설로 다할 수 있겠는가. "서걱거리는 억새 바람처럼 흔들어 대는 우리 엄니 긴 하루가 무서웠습니다."는 화룡점정, 촌철 살인의 절창이다.

시는 일말의 감동, 한순간의 전율이다. 신명이 나서 뿜어내는 한바탕의 광기다. 좋은 시는 한 편의 시 안에 한 세계, 하나의 우주가 들어 있는 존재성을 획득한 시이다.

빅토르 위고는 『레 미제라블(불쌍한 사람들)』 서문에서 "무지와 빈곤이 존재하는 한 인간의 비극은 그칠 날이 없다. 오늘의 문제는 투쟁하는 것이오, 내일의 문제는 승리하는 것이다. 그리고 그 다음의 문제는 우리 모두 죽는 것이다."라고 하였다.

한 끼 시름 풀자고/ 연민憐憫을 딛으면/ 가부좌 틀고 현자처럼/ 허기를 채우려고 앉았다/ 몸과 영혼이 가벼워진다/ 살뜰히 품은/ 천 원 한 끼의 무게/ 덧보태져서/ 밥상은 약상藥床이 되어/ 마음이 등불을 켜고 환해진다

―〈천 원 밥상〉 전문

이 세상에 밥처럼 소중한 것이 또 있을까. 사람은 먹어

야 산다. 금강산도 식후경이다. 밥을 지으려면 쌀이 있어야 한다. 그런데 지금 농촌의 현실은 어떤가.

'농자천하지대본야'가 '농자천하지소본야'로 된 지 오래다. 농사를 지어 봤자 적자다. 농기계 값, 농약, 비료, 품삯을 제하고 나면 남는 게 없다.

이농심행以農心行 무불위사無不爲事 농심을 지니고 행하면 세상에 안 될 일이 없다고 했는데 말이다. 시적 페르소나는 현자처럼 가부좌를 틀고 21그램 영혼의 무게로 허기를 채우려고 밥상을 기다린다. 천 원 한 끼의 무게가 천 근의 무게로 다가온다. 한 끼의 밥상을 인용하여 피폐한 농촌의 현실을 아프게 고발하고 있다.

높다고 자랑 마라/ 고산준령에 떨어진 빗방울도/ 낮은 데로 낮은 데로 몸을 섞어/ 흘러와 안기는 종착지다// 세상은 꽉 막혀 있는 것 같지만/ 모든 갈등들 장벽 뚫고/ 알맞은 온도로/ 질펀하게 흘러와/ 제일 낮은 자리로 빨려든다// 있다고 까불지 마라 / 몸을 세우고 높게 살아온 모든 것/ 장엄하게 응얼거리는 목소리 들으며/ 가쁜 숨 몰아쉬며/ 이 누추한 곳에서/ 가뭇없이 사라진다

―〈하수구下水溝〉 전문

물은 끊임없이 낮은 곳으로 낮은 곳으로 흐른다. 이것이 물의 생리다. 평평한 곳에서는 잠시 머뭇거리고 잔물

결 파문으로 지즐대지만 위급한 곳에서는 소리를 내고 뛰어내린다.
고산준령에 떨어진 빗방울이 모여 내를 이루고 내가 강물이 되어 도도히 바다로 흘러간다.
상선약수上善若水 가장 좋은 것은 흐르는 물과 같다.
유수부쟁선流水不爭先 흐르는 물은 앞다퉈 흐르지 않는다. 시적 서술자는 잘난 체하지 말고 까불지 말고 겸손하란다. 방하착放下着 모든 것을 내려놓고 하심下心으로 돌아가 자연의 순리를 따르라고 한다. 까불지 말고 겸양지덕을 배우라고 일갈한다.

한여름 햇살 삼켜 상기된 얼굴이다/ 소문 없이 하늘길로 솟아나듯/ 일어나야 하지 일어나야지 하며/ 담벼락에 오르며 문을 엿본다// 욕심 없다고 하지 마라/ 저렇게 속닥이며 제 위만 보고 간다/ 여름을 갈망하며 푸른 하늘 우러러/ 득음得音을 위해/ 강렬한 주황빛 꽃 무더기로 피지 않는가// 서둘지 않고 도도하게 탐험 나서듯/ 벽 같은 지지대에 기대어/ 안절부절 눈 굴리지 않고/ 모든 촉각 곤두세워/ 어디까지 위이길래 위만 향해 갈까

—〈능소화〉전문

능소화는 여름 한철을 장식하는 황홍색 꽃이다.
온 천지가 녹음으로 점령군일 때 능소화 넝쿨은 하늘

높은 줄 모르고 허공을 기어오른다.

　조선 시대 양반과 선비들이 주로 키워 천박한 상놈이 기르다 들키면 당장 불려가 곤장을 맞았다는 양반꽃, 황홍색 꽃등으로 수관樹冠을 단다.

　슬픈 전설로 살아서 승천하는 황룡인가. 능소화 꽃등은 질펀한 한여름을 불사른다. 능소화는 낙화할 때 시들지 않고 그냥 뚝뚝 미련 없이 뛰어내린다. 길이 아니면 가지 않는 지조 있는 선비 정신이다.

　임금이 과거시험에 장원 급제한 사람의 머리에 씌워준 어사화가 능소화다. 꽃말은 기다림과 그리움, 영광, 명예이다.

　시적 화자는 능소화를 득음得音에 비유하고 있다.

　명창들은 득음이라는 경지가 있다. 득음은 소리를 얻는다는 말인데 득음은 소리를 자유자재로 낼 수 있는 경지이다. 영혼의 아득한 소리까지 낼 수 있는 경지이다. 뿐만 아니라 다른 소리도 들을 수 있는 경지가 되어야 한다.

　판소리 명창들은 폭포수 밑에서 소리를 다듬는다. 폭포수 소리를 제압하고 나면 폭포 소리는 들리지 않고 자기 목소리만 또렷이 들려야 한다.

　득음은 자신과 소리가 하나가 되어 자기가 곧 소리이고 소리가 자신이 되는 것이다. 이러한 경지는 가벼운 재치나 기교가 아니라 오랜 인생의 각고와 수련을 넘어 연륜과 깨달음으로 승화된 경지인 것이다.

시적 화자가 어떤 얼굴을 하고 시적 화자의 목소리가 어떻든 간에 결국 시적 화자와 시인과의 아이덴티티는 그 언어 구조에서 드러나는 것이다. 이 시인은 득음의 시학에 이르고자 릴케의 말처럼 쓰지 않고는 못 배길, 죽어도 못 배길 때 피로 시를 쓰는 경지에 이르고자 한다.

> 한해살이도 힘겨운가/ 묵언默言으로 서 있다/ 우수수 바람에/ 꼬투리 열고/ 저 자잘한 씨 쏟아내고 마는/ 까만음자리표 // 햇살 가득 물고/ 다문 입/ 더는 참을 수 없어/ 빗장을 여는 너는/ 유혹을 떨칠 수 없는 지경이었나 // 외로운 수행/ 세월이 버거워/ 가슴에 문을 다 열고/ 털리기 전에/ 미련 없이/ 스스로 토해 낸다/ 아등바등하지 않는/ 비움의 미덕이다
> ―〈아람깨〉 전문

시는 현실에 대한 절망과 삶에 대한 갈등에서 출발한다. 행복과 기쁨이 충만하다면 시가 필요 없다. 시는 인간의 실존을 위하여 존재하고 그것은 인간의 노력에 의하여 새로운 가치를 창출해 내게 마련이다.

시인은 날마다 꿈을 꾼다. 시인은 날마다 정신의 여행을 떠나고 상상이 꿈을 꾸는 이상향의 집에서 산다. 시인은 닐마다 삶의 한순간을 찾아오는 불길에 싸여서 산다. 시인은 창조하는 영혼이다. 그러므로 시인은 항상 고독할 수밖에 없다.

시는 결국 그 시인의 내면적 드러냄이다. 그래서 시는 진실하다. 시는 자연스러워야 하고 감동적이어야 한다. 좋은 시를 쓰려면 좋은 삶을 살아야 한다. 물욕과 명예에 시달리며 지나친 생존 경쟁의 틈바구니 속에서 언제까지 비명을 지르며 살 것인가. 도대체 이렇게 살아서 어쩌자는 것이냐고 시적 서술자는 우리에게 반문한다.

노자는 공성신퇴천지도功成身退天之道를 얘기했다. 맡은 바 일을 다 하고 나면 물러나는 것이 하늘의 도리다. 아름다운 퇴장은 참다운 승리다. 석가는 왜 설산에서 고행하였으며, 공자는 왜 천하를 철환하였으며, 예수는 왜 황야를 방황하였겠는가.

시적 서술자는 진솔한 생활인의 육성으로 산전수전 겪은 달관의 세계를 보여 준다. 까만음자리표 깨처럼 몸을 비우고 비어 있음의 충만을 만끽하란다. 이 시는 영혼의 고향에 찾아가 등불을 켠다. 이 세상 영원한 것은 없는 제행무상이니 아등바등하지 말고 마음을 비우라고 한다. 청렬清冽한 느낌으로 깊은 사념에 젖게 한다.

〈봄날의 기도〉, 〈동강할미꽃이래요〉, 〈서재〉, 〈누에〉, 〈인두화〉, 〈승강기〉, 〈희우〉, 〈좌불안석〉, 〈가파도 청보리〉 등 같은 반열의 작품도 언급하고 싶지만 이 글의 성격상 여기서 언급을 접는다.

이제 이 글을 마무리해야 한다.

문학은 인생에 대한 질문이라고 사르트르는 말하였다.

과학이 아무리 발전해도 우리 인간의 마음을 표현할 수 없다. 문학이 종교는 아니지만 메마른 가슴을 적셔 주고 상처받은 마음을 달래 주는 것은 과학이 아니고 문학이다. 태양이 온 누리를 비추듯 문학은 강 같은 평화로 인간을 빛나게 하고 우리들의 영혼을 따뜻하고 아름답게 숨 쉬게 한다.
　사람이 평생 동안 괴로움이 없고 자유로우며 행복할 수만은 없다.
　행복하고 기쁘기만 한 인생은 애초부터 이 세상에 존재하지 않는다. 글쓰기는 혼자하는 아주 고독한 작업이다. 원고지와 펜과 나와의 피나는 전투이다. 자기 반성문이며 참회록이며 고독한 인간의 영혼과 대화이며 위안이며 치유다.
　김훈동 시인의 시는 관념이나 장식을 벗어 버린 절대 이미지의 벌거숭이 언어로 투명하다. 삶에 자리 잡은 근원적 슬픔과 허무를 노래하면서 특유의 철학적 사색과 섬세한 감각으로 시 세계를 형성, 꿈과 사랑을 형상화하려는 내적 동경의 시학에서 그 특징을 찾을 수 있다.
　시집 『아람깨』는 그간의 작업을 총정리하는 의미 있는 시집이 될 것이다. 그는 새로운 변신을 꿈꾸고 있다. 새 지평을 열기 위하여 새로운 변신으로 전개될 그의 시 세계를 기대해 본다.
　시는 그 시대의 살아 있는 영혼이기 때문이다.

김훈동 시인도 이제 팔십 고개를 허위허위 올라와 등 뒤로 긴 그림자를 드리우고 있다. 태양처럼 뜨겁게, 바람처럼 자유스럽게, 대지 위에 홀로 핀 위대한 수원성의 꽃, 삼가 엎드려 수여산壽如山 부여해富如海를 기원드리며 발문의 췌사贅辭를 맺는다. *

아람깨

발행 | 2025년 6월 27일
지은이 | 김훈동
펴낸이 | 김명덕
펴낸곳 | 한강출판사
홈페이지 | www.mhspace.co.kr
등록 | 1988년 1월 15일(제8-39호)
주소 | 서울특별시 종로구 삼일대로 457, 501호(경운동)
전화 02) 735-4257, 734-4283   팩스 02) 739-4285

값 12,000원

ISBN 978-89-5794-591-9 04810
　　　978-89-88440-00-1 (세트)

※저자와의 협약에 의해 인지는 생략합니다.
※잘못된 책은 바꾸어 드립니다.